As
Conversações
Noturnas
&
Outros Poemas

JOSÉ LAURENIO DE MELO

As Conversações Noturnas
&
Outros Poemas

Seleção e Organização
João Alexandre Barbosa

Prefácio
Ariano Suassuna

Ateliê Editorial

Copyright © 2007 by José Laurenio de Melo

Direitos reservados e protegidos pela Lei 9.610 de 19 de fevereiro de 1998.
É proibida a reprodução total ou parcial sem autorização,
por escrito, da editora.

Dados Internacionais de Catalogação na Publicação (CIP)
(Câmara Brasileira do Livro, SP, Brasil)

Melo, José Laurenio de
   As conversações noturnas e outros poemas/
José Laurenio de Melo; seleção e organização
de João Alexandre Barbosa; prefácio Ariano
Suassuna. – Cotia, SP: Ateliê Editorial, 2007.

ISBN 978-85-7480-363-0

1. Poesia brasileira I. Barbosa, João
Alexandre. II. Suassuna, Ariano, 1927-.
III. Título.

07-6365   CDD-869.91

Índices para catálogo sistemático:
1. Poesia: Literatura brasileira   869.91

Direitos reservados à
ATELIÊ EDITORIAL
Estrada da Aldeia de Carapicuíba, 897
06709-300 – Granja Viana – Cotia – SP
Telefax: (11) 4612-9666
www.atelie.com.br / atelieeditorial@terra.com.br

2007

Printed in Brazil
Foi feito depósito legal

*Para
Ana com amor*

SUMÁRIO

Laurenio e Eu – *Ariano Suassuna*........................ 11
As Conversações Noturnas (1950).................... 15
Poemas de Palhano (1946-1949)....................... 39
    Anotações de agosto (a)............................. 43
    Poema.. 45
    Anotações de agosto (b)............................ 47
    Antígona lamentada................................ 49
    Canção... 51
    Armistício 1945................................... 53
    Anotações de agosto (c)............................ 55
    Itinerário do homem provisório..................... 57
    Prelúdio à treva.................................. 59
    Canção diminuta................................... 61
    Elementar... 63
    Imponderável...................................... 65
    Estudos para Palhano.............................. 67

INÉDITOS 79

    T. *Semper dum vives* 81
    Torneio pluviátil. Pastiches.
        1. Do Manuel Bandeira de *Libertinagem*. Chuva antiga 83
        2. Do Murilo Mendes de *O Visionário*. O dilúvio 85
        3. Do Drummond de *Viola de Bolso*. Na chuva 87
    Rosa (após ler *The Rose* – 1893 – de W. B. Yeats) 89
    S. Miguel dos Milagres................................ 91
    No ar da noite 93
    Pergunta... 95
    Céu do Recife.. 97
    Transcrição (de uma puída cédula de cem) 99
    A fala do Recife......................................101
    A one-man show and its one-man audience...........103
    Tela 105

LAURENIO E EU

Palhano, primeiro livro do grande Poeta que é José Laurenio de Melo, foi editado pelo Teatro do Estudante de Pernambuco. O segundo, *As Conversações Noturnas*, pelo Gráfico Amador. E posso dizer, orgulhosamente, que, com o Poeta, tive a honra de participar desses dois movimentos recifenses, importantíssimos para a cultura brasileira.

Tornei-me amigo de José Laurenio de Melo em 1946. De modo que, entre esse ano e o de 2007 (quando João Alexandre Barbosa republica aqueles Poemas, acrescidos de outros, mais recentes, que conseguiu arrancar ao recalcitrante e exigente Poeta), já se vão quase sessenta anos.

Pois bem: sobre a pessoa de Laurenio, já afirmei várias vezes – e repito agora – que ele deve ter defeitos, porque todo mundo os tem. Mas, em todos esses anos de convivência e amizade, eu nunca consegui descobrir quais são os dele (afirmação que, segundo acredito, qualquer um de seus amigos subscreve).

Quanto ao Poeta, o que devo adiantar aqui é que, entre as influências que recebi na minha formação de homem e de escritor, nenhuma foi tão grande quanto a de José Laurenio de Melo.

Uma vez, exaltado pela profunda e temerosa impressão a mim causada por um Poema seu, tentei balbuciar uma resposta que evidenciasse aquela influência, aquele temor, a respeitosa admiração que por ele tenho, o que fiz por meio de um Soneto que lhe dediquei.

O poema, lido por mim em *As Conversações Noturnas*, era o seguinte:

> Breve procura delineada
> neste ser imperfeito.
> A pena, o silêncio, a agonia
> e algo que, não pressentido,
> resvala na triste espessura,
> desvairam em secreta solidão.
> Solvem-se os ígneos sinais
> detidos na fronte do penedo
> nascido de extinto pântano.

A vaga mas terrível apreensão que senti diante desse Poema vinha de que, quando o escreveu, Laurenio já abandonara as crenças e certezas de sua infância, trocando-as por uma espécie de grave existencialismo despedaçado, que, a meu ver, era a origem das angustiosas, belas e obscuras imagens de seu Poema. Eu, admirando, como admiro, o Poeta, temia pelo amigo, ameaçado por aquela via-crúcis, por uma "noite escura" que não apontava para luz nenhuma, como era o caso daquela que flagelava outro altíssimo Poeta, São João da Cruz.

Foi em tal estado de espírito que, em cima de seus versos e sob forma de um Diálogo travado entre mim e ele, compus o Soneto com o qual encerro as trôpegas palavras que aqui reúno para homenageá-lo:

Soneto Inglês em Diálogo

Ariano –   Que buscas em teu Ser noturno e leve?
Laurenio – A própria Busca, mal delineada.
Ariano –   E na chaga da Carne dissipada?
Laurenio – A falha, a chaga e esta procura breve.
Ariano –   Essa pena, o silêncio, essa agonia, esse algo impressentido em sombra escura, no resvalar amargo da espessura, em solidão secreta desvaria.
Laurenio – Que importa, se os sinais feitos de fogo são detidos na face de penedo pelas peças viris do velho jogo?
Ariano –   Tu sorves o perigo: tenho medo!
Laurenio – De quê? Da treva que na carne sinto?
Da luz de um velho Pântano já extinto?

Então, que me perdoem os outros amigos e admiradores de José Laurenio de Melo, mas este é o único tom em que consigo falar sobre ele. E, não havendo outro jeito, vai assim mesmo, com um abraço para João Alexandre Barbosa, para os Editores e para todos aqueles que, com esta bela e nobre iniciativa, prestam à literatura brasileira o inestimável serviço de colocar de novo diante do público a obra de tão grande Poeta; um Poeta que, como disse Mauro Mota, "nos dá um pouco do máximo, não apenas de si, individualmente, mas da poesia do nosso tempo".

Ariano Suassuna

As Conversações Noturnas (1950)

A meu pai.
A meus irmãos.

1

Paz úmida,
irrisória, de líquido
numa garrafa.
Desgaste do mineral
no fundo da terra
a caminhar obscuro
para o informe.
Esta sombra
agarrada ao vazio
de apenas uma janela.
Escuto-a.
Preciosos algarismos
dissimulam-se na treva,
escondendo-me qualquer coisa.

2

A alguém que se insinua
diáfano e unânime,
oponho-me árido e opaco,
bêbedo de argúcia e contenção.
Este é o meu tributo
por omissões e perdas.
Nenhum desespero
ou vontade de prosternar-me.
Seria indulgente
se me desencadeasse.
Entende: é como se, de súbito,
te atirassem areia à boca.

3

Breve procura delineada
neste ser imperfeito.
A pena, o silêncio, a agonia
e algo que, não pressentido,
resvala na triste espessura,
desvairam em secreta solidão.
Solvem-se os ígneos sinais
detidos na fronte do penedo
nascido de extinto pântano.

4

Não só a planta, o frenesi
do cedro e do linho triunfantes,
também os frutos me pertencem.
Não os ouvi nascer, é certo,
como dizem que nas campinas
os animais ouvem nascer o pasto.
E como os ouviria, com estes sentidos
enlouquecidos, como se tivessem bebido
mortais canções e luz desfeita?
Pudessem os frutos, provados, ensinar
a terrível lucidez dos animais,
e eu já não seria o que era antes.

5

Criaste os substitutos do sonho
com o mesmo desespero lúcido
de quem restaura o ícone
e o íntimo deste não pode ouvir
embora ao próprio ícone se assemelhe.
Por que te negas a ti mesmo?
Antes, muito antes de ti,
cumprem-se os desígnios,
propondo-se velhos jogos,
à luz de velhos castigos.
Vai e descobre dentro da urna
o sistema convulso das raízes.

6

Pensas guardar a cidade e mal sabes
o que há de ermo e dócil em teu sapato.
Creio que ainda és alimento de esfinge
e teu enigma é tua vontade despossuída
que parece temer assaltar-se a si mesma.
Absorve a essência noturna dos cães.
Desdobra-te, como eles, na vigília,
ouve a noite arder sua angústia,
toma-a, revela-a dentro de ti.
Provê o acrescentamento de teu amor.
Cuida de que tua mão não desdenhe
aquele amargo que restringe cada coisa.

7

De amor substancial esta noite.
Os elementos, de suas moradas,
negociam-se mútuos mistérios.
Não te apresses por conhecê-los.
Deixa que eles, comovidos
com tua paciente espera,
se renovem e se descubram.
Só então notarás
o pássaro ou a planta
e terás novos mistérios.

8

Vozes encantadas nalgum andurrial,
preces de meninos meio adormecidos,
pequenos objetos graves e anódinos,
todos se condensam na sutil
impossível região da chama.
Se a mim quiserdes entender e amar
rompei vossas curvas resistências.
Se pouco atingirdes com vossos olhos
a muito vos determineis,
que de mágicos recessos rebentarão
sementes e alento de sementes.

9

Serena madrugada,
que me queres?
Vens, acaso,
de além da morte?
Permite-me fruir
dos teus presságios
a luz mais breve,
antes que desta grei
para sempre me vá,
liberto dos hábitos
do tempo e do mito.

10

Súbita rosa,
de esquivos roteiros,
trará a manhã.
Sê fiel. Saúda-a,
embora tuas canções
se mostrem vestidas
de morte e exílio.

Límpidas e exatas
as palavras não seriam
se tua natureza,
impedida de cantar,
as não alucinasse.

Poemas de *Palhano*
(1946-1949)

Chamo Palhano a uma tira de terra à beira-mar ocupada então por uma sucessão de toscos povoados que se estendiam à sombra de coqueirais desde a foz do rio Camaragibe até a Vila de S. Miguel dos Milagres no litoral norte de Alagoas. Na realidade cotidiana local Palhano designa um modestíssimo curso de água que desce do alto dos tabuleiros e deságua no oceano entre o povoado de Riacho de Antônio Dias e a dita Vila de S. Miguel dos Milagres.

O volume do qual se reproduzem aqui alguns textos foi o primeiro publicado pelas Edições TEP [Teatro do Estudante de Pernambuco] em 1950 com prefácio do escritor Hermilo Borba Filho, diretor do TEP, e ilustrações de Aloísio Magalhães. A coletânea era dedicada a Ariano [Suassuna], Bueiro [Salustiano Gomes Lins], Galba [Marinho Pragana], Hermilo e [José de Morais] Pinho, companheiros e amigos diletos e inesquecíveis.

JLM, Rio, 2005

ANOTAÇÕES DE AGOSTO (A)

É preciso dizer tudo como se hoje fosse o primeiro dia da criação.
(Meu pai, não se pode passar impune. Nem imune.
Encontraremos palhaços cloroformizados na escuridão.)
Há símbolos escondidos atrás das cortinas.
(Não tente, meu pai, pular o sonho.
O homem é uma construção definitiva.)
Milhões de corpos foram enterrados ontem,
Mas os programas continuam intactos.
(Meu pai, a dúvida me afoga.)
Os pontos de referência mudaram de lugar
E os passaportes tornaram os caminhos intransitáveis.
(Me dê a sua mão, meu pai,
A criança triste voltou.)

POEMA

Aqui perdido,
aqui jazido,
esfacelado,
sobre frios corpos
desbaratados,
na luta me percebo
como no seio áspero
de escuras aranhas.

Coxas vazias,
na barra do dia,
perseguem o repouso
da noite vária,
quando o amor fugiu
num grande bloco
de pedras pontudas.

Em vão procuro o rictus
presente e constante
nas muitas faces
que o gume sutil
lavrou súbito
na face total.

(1948)

ANOTAÇÕES DE AGOSTO (B)

Tudo ficou por fazer.
A poesia, nenhuma.
As palavras não me configuram.
Me abandono a elas
para continuar o mínimo de mim mesmo.
Tudo o que você viu não fui eu.
Não foi o meu peito, porque
todo eu sou necessidade de comunicação.
Só que não posso pedir-lhe que me ouça.
Você pode não querer.
Você às vezes é fechado,
embora seja multidão incontida
e brade justiça.
Mas seus movimentos são os meus.
Por deficiência minha é que não nos entendemos.
Olhe: colho o tumulto e guardo-o comigo.
Vontade de explodir, eu tenho.
Anulo-me sem estilhaços, porém.

(1948)

ANTÍGONA LAMENTADA

Insepulto, à face da terra ardente,
Onde legiões, agora dizimadas,
Sofrem lívidas a insânia comum,
Está o guerreiro vencido pela própria vitória.
A cidade ruiu despojada de suas muralhas.
Limo negro escorre das entranhas de suas torres.
Seus anciãos, de lombos contundidos,
Queimam as crianças preferidas dos deuses.
Desgovernadas, as flautas dos pastores
Clamam solitárias sobre os penhascos.

Enorme é o descanso dos deuses.
Nos plácidos recôncavos aplacados
De nada se lembram, porque nada viram.
E mortos estão já todos os oráculos.
Antígona, de cujo ventre ninguém provou,
Guarda, imóvel, a memória do sangue estéril.
Os guerreiros se perderam e não a fecundaram.

(1948)

CANÇÃO

Para Ana Canen

Ouve, amada:
uma canção de amor,
abrigada no pulso do tempo,
antiga como a criação do mundo,
penetrada de certa ternura
– não nascida de mim,
mas incorporada ao meu mistério
e nutrida dele como por encanto –
tocará teu corpo como um apelo.

Tuas mãos, então despertadas,
apaziguarão minha fronte
e lembrarão pássaros apascentando escombros.

(1948)

ARMISTÍCIO 1945

Talvez fosse de manhã.
Eu não via com exatidão.
Um cavalo percutia na lápide
(demolidos o cálculo, a linha, o centro)
um compasso de regresso e desespero.
Depois apurei:
uma cidade presa que,
com muita teimosia,
um cavalo tentava libertar.

(1948)

ANOTAÇÕES DE AGOSTO (C)

Por que preferir cores,
confundir-se com elas?
O melhor é a criatura,
sempre como é,
imutável nas variações.
Todo o vivo me interessa,
mesmo pasmo e mudo.
A dor, a crença, a mobilidade,
todo o humano do mundo,
o mundo
— não o abstrato mundo repousado,
mas aquele que a gente traz do berço,
em carne viva,
carregado de zelo e tempestade,
próprio para dissipar,
precipitado e trágico nas direções,
ao mesmo tempo caminho de vida e de morte —
tudo isto, sim, me interessa.

(1948)

ITINERÁRIO DO HOMEM PROVISÓRIO

Quero ir à terra de Uz falar ao velho Job.
Fui concebido no ventre de um carrilhão de fogo
E me fiz irmão de todo homem que, igual a mim,
Desembesta contra outro homem
Em disputa de comida para a sua mesa
E de fêmea para sua cama.
Tenho vivido sempre assim
E penso que mereci certa consideração.
Ultimamente, porém, ando meio desnorteado
E desconfio da precisão dos meus instrumentos.
A terra começou a derrapar para um ponto ainda não bem
    localizado.
As catástrofes sobrevieram, à maneira de irados e vingadores
    elefantes,
Extinguindo as plantações e os vales.
Por todo o acontecido, penso em ir falar ao velho Job,
Que se lançou à captura de Deus
E O aprisionou em seu coração.

(1949)

PRELÚDIO À TREVA

Minha viagem é densa:
conduzo sementes, pus
e uma vaga superstição.
Como é tempo de Carnaval,
visto-me de dinheiro velho
e preparo-me para o nojo.
Meus irmãos me dispensaram,
pediram vinagre, beberam,
sopraram os fusos horários
e se dispersaram.
Por isso aqui estou
perdido e farto de memórias.
Letra e verbo já não existem,
mesmo como frutos.

(1948)

CANÇÃO DIMINUTA

É bom que eu me perca
para que nada adivinhes.
É bom ter pés e mãos e ignorá-los.
Alivia.
Como alivia não pensar em nada,
ficar apenas branco,
inteiro, à espera.
Também não esperar nada
(resíduo de ternura, onde?).
Não existir,
ou existir como o metal,
sem a menor conquista.

(1949)

ELEMENTAR

Eu a sabia oculta,
finura de silêncio difuso,
como a urdir milagres.
Para mim era desesperança,
embate contra o lajedo.
Agora, vejo-a refletir-se
por entre anéis e copas,
luzindo escasso vento.
A velha fonte, não a esgotes,
peço-te.
Um dia, quando nada mais houver,
poderás escutá-la
pura como quando a descobriste.

IMPONDERÁVEL

Os olhos fechados,
não para não ver,
mas para somente ver
aquele tenaz pensamento íntimo
que não ousa,
por medo de corromper-se,
sair de si mesmo,
e quase se esgota
numa breve suspeita
de cotidiano.

(1949)

ESTUDOS PARA PALHANO

1

Que é da mão ampla,
pousada no meu ombro?
Uma vez foi rio,
água legítima.
Outra vez foi árvore.
As árvores do amanhecer,
guardadas em cristal,
ligaduras de luz,
vertem fogo ao meio-dia,
evanescentes.
Palhano imaturo,
jamais em sonho
te contemplo.

2

Navego uma tela branca,
fria num país distante.
Uma mulher emerge das urzes,
contempla-me, noturna.
Um grito divide as águas,
pássaros precipitam-se,
distribuindo unções.
Ouço vozes sem corpo,
vejo sinais desconhecidos.
Sinto-me João, Pedro, Antônio
atirado a uma praia deserta.
Quero gritar, unir
pássaro, mulher, água.
Inapelável, o rio
volteia uma valsa
lentamente.

3

Compareceste às batalhas.
Entre a blusa e a corneta
teu corpo amadurecia.

Viste o enlouquecer dos lírios.
No teu próprio ventre
fazias florescer o trigo.

Caminhaste sob a neblina.
Na carne de teus peitos
ardiam tempestades.

Percorreste a treva.
Dentro do abismo
os meninos construíam a alvorada.

Mulher, és argila.
No teu silêncio os homens
fecundam o dinasmismo.

4

Ó por que feres assim a carne do teu saxofone?
Por que enches de negro as noites de teu povoado?
Por que botas tanta tristeza nestes ermos?
Por que, insone, hospedas dentro de ti o triste?

Porventura velas a noite contra o terral,
e vindo a madrugada – galo – arco – fogo –
contenderás o sêmen revelado das coisas
e protegerás o sono dos homens em seus casulos?
Ó irmão, pára o teu saxofone!
Tudo em ti é antecipação.

Os homens voltam cansados da pesca.
As redes dormidas às areias largam.
Querem o silêncio da maresia,
O cheiro trazido pelo vento recente.

Pára o teu saxofone.
Por que antecipas o dia de amanhã?
Não vês que será o mesmo sal a polir as veias destes homens?

5

Inútil gritar por ti,
dizer o teu nome.
No ancoradouro não te encontras.
Inútil a fúria do canoeiro
em busca do teu corpo.
Inútil lamentar.
Inútil acender fachos,
peregrinar a noite toda pelas águas.
És litúrgica e profunda como as águas.
Foste concebida por elas
e para elas tinhas de voltar.
Inútil a reza.
Inútil o rito.
Inútil cavar o chão nu
e esperar que mores dentro dele
ou esperar que sobre ele cresçam rosas quietas.

6

Não direi de Joana Temerária
sequer as culpas mínimas
e os padecimentos menores.
Direi que ela era semáfora:
daí as grandes perturbações
nas rotas de Palhano.
Do seu secreto pendor
para vestidos vermelhos
e alvas combinações
nasceu-lhe o primeiro filho.
E foi uma consumação:
o mangue fedia a um mar afogado
e os homens eram feras castigadas.
Para o filho houve um cachorro doido.
Hoje,
Joana Temerária é uma coisa assim,
sem eco,
como um trapézio,
ou uma figura do amanhecer.
Cordeiro de Deus,
que tirais os pecados do mundo,
tende misericórdia de nós.

Inéditos

T.
SEMPER DUM VIVES

Não percas a cabeça,
não maltrates a fortuna;
o que vês não é o outro lado
com seus sinais imperecíveis:
é só o dia, vasto e ruidoso.
A réstia, forma inconsútil,
posto que desamparada,
que as mãos não captam
e os olhos apenas surpreendem,
nada sabe de ti, de tua fome.
Não procures o eco. Não há eco.
Não te desesperes. Não te furtes
ao vazio sabor da vida,
que flui calma e sem frutos.
Não te desbarates. Por vezes,
numa floresta de escombros,
vínculos, oclusos, se desdobram.
Em verdade muito pouco de ti
é estimável no dia claro.
O que sabes não conta. Também
os poros adiáfanos e rijos
na tua pele não contam.

Silencia. Não há prêmios.
Puro escárnio. Só uma coisa é:
a treva que vela no gume da luz
e te desafia e te arrasta.
Fecha, pois, os olhos e dorme,
que de nada te vale cultivar
o antigo empedernido rancor.

(9.10.1952)

TORNEIO PLUVIÁTIL
PASTICHES
1. DO MANUEL BANDEIRA DE *LIBERTINAGEM*.
CHUVA ANTIGA

Chovia uma chuvinha tísica.
Na casa de meu avô morto,
eu, convalescente, menino embora como os outros,
espiava os pingos d'água nas biqueiras da casa.
Rua da União, rua da desunião, rua das uniões secretas,
    indevassáveis, impróprias para menores.
Eu espiava a chuva cair mansamente.
Menino triste, ia para a cama,
enrolava-me sob os lençóis e cobertores quentes.
A voz de Irene: dorme menino,
teu soninho sossegado.
E eu dormia, acalentado, apaziguado
e sonhava com a filha do vizinho
nuinha, no rio.
A chuvinha suave caía a noite toda.
Debaixo dos lençóis o menino triste dormia o seu soninho
    sossegado.
Madrugadinha, quando acordava,
a cama estava úmida, molhadinha, cheirando a pipi.

(1956)

2. DO MURILO MENDES DE *O VISIONÁRIO*. O DILÚVIO

O poeta prepara-se para o dilúvio.
Joga o braço direito no caos
e com o esquerdo furta o capote de Deus, que fica tiritando
    de frio.
Nas portas do céu, o que vê o poeta?
São Pedro conferenciando com o Arcanjo Gabriel sobre a
    revolta dos anjos.

O poeta desce aos infernos.
Demônios com gládios flamejantes o interceptam.
Mas o poeta aplica uma gravata em Lúcifer
e guiado pelo seu supersensível radar localiza a morada de
    Gilda.

Na contemplação da amada
o poeta consome duas eternidades.
Na madrugada da terceira eternidade
o poeta vence o mundo, o diabo, a carne
e ressurge fulgurante na boate dos fracassados do amor.
Dilúvio não haverá. A poesia está salva.

(1956)

3. DO DRUMMOND DE *VIOLA DE BOLSO*. NA CHUVA

Eu não sei donde vinha
(duma nuvem, dum monte?)
tanta chuva fininha
(da barca de Caronte?).

Na noite fria e escura
só sei que mal andava
ao sabor da aventura.
De quem a voz tão cava?

Era alguém se fundindo
ao deserto da praça?
Ou eu mesmo carpindo
essa tristura baça?

(1956)

ROSA
(APÓS LER *THE ROSE* – 1893 – DE W. B. YEATS)

Renasces. Do fundo da treva tu renasces.
E surges insensata, frívola, despudorada,
como eu te esperava. Debalde te atraiçoei,
debalde me desfiz de tuas lembranças,
debalde me atordoei, só contra o mundo,
contra a vida, contra a morte. Mas eu te esperava.
Amargo, áspero, noturno, iracundo,
eu te esperava, rosa insensata.
A traição foi imensa, consciente, contínua.
Atirei-me aos lances banais, menti,
trafiquei com o teu nome o teu segredo,
indiferente ao clamor do teu existir.
Mas eu te esperava. Sabia que havias de vir.

Vem. Espalha o teu vermelho abrupto e cru
nas minhas retinas, abre tua corola fatal,
espanca as sombras do tédio e do nada.
Deita-me de novo tua secreta bênção,
rosa insensata, purificadora dos loucos.

(15.5.1957)

S. MIGUEL DOS MILAGRES

A Orlando da Costa Ferreira

À sombra das mangueiras
a brisa se abancou.
Do céu cai o silêncio
azul, seco, transparente.
Numa frincha de copa
o grito vermelho do caju
celebra o pino do verão.
Coqueiros eretos e graves
desfraldam seus guarda-sóis.
No tabuleiro vagueia a ermida
ao encontro das nuvens vadias.
Domado, rendido, o mar
cintila, surdo, à distância.
Sereníssimo, o jumento
recolhe o ouro do meio-dia.

(15.5.1957)

NO AR DA NOITE

Apenas um gesto, e com ele enfrentar o mundo.
Não é proteção
(pois não há perigos à vista).
Talvez premoção,
aura de poesia que se filtra por entre as sombras,
verso que se inscreve no ar da noite.
Urge gravar esse gesto,
conservá-lo como imagem do amor,
a desafiar o mudo escárnio das estrelas.
Bem hajas tu, caminhante,
circundando com teu braço de homem o ombro do teu filho.

Teu gesto me pesa na retina.
Uma noite, sem que o soubesses,
espreitei o movimento de teu braço.
Teu rosto, esqueço.
Tuas momentâneas preocupações, dissipam-se
Tua fome de certezas, falece.
Somente teu braço se levanta
e pousa no ombro de teu filho
– verso inscrito no ar da noite.

(3.2.1958)

PERGUNTA

A Aloísio Magalhães

Era preciso que tivesse vivido até agora?
Era preciso que tivesse andado sob céus coléricos?
Era preciso que tivesse ouvido vozes de desespero
e visto o terror da fome, da sede, do medo, da morte?
Era preciso que estivesse presente ao desabar da angústia?
Era preciso contemplar a ruína que silenciosamente se
    infiltra nos seres e nas coisas?
Era mesmo preciso?
Era preciso que o tempo, com seu martelo, me esfarelasse
    os ossos, me pulverizasse os sentidos?
Era preciso que o mundo montasse nos meus ombros
e eu não pudesse erguer um canto testemunhal,
uma lápide,
uma inscrição?

(2.3.1958)

CÉU DO RECIFE

Fazer provisão dos caprichos do crepúsculo sobre o Recife: a poeira amarela que recobre os telhados; as paredes amarelas do casario para os lados da Casa de Detenção; as nuvens, de um amarelo afugentado pelo ruço arabesco que não cessa de tentar a forma definitiva; o vermelho amortecido implantando-se com vagar numa planície fosca que antes de ser já se converte em fragoso despenhadeiro; as quatro chaminés arfantes, sôfregas, cinzentas; a verde fronde buscando impor-se num céu que marcha para a dissolução por cima da torre decepada do Carmo. Sem aviso, ociosa, zombeteira, começa a subir, como de uma oca de índio travesso, a fumaça azulada de uma chaminé oculta em algum recanto do bairro de S. José. Sobe, lenta e quase furtiva, mas de repente ei-la na palma do vento, a espreitar a face de cada figura imprecisa que num segundo se esboça e se dilui. Ei-la agora incorporada a todas as combinações imprevistas; em breve é apenas uma cortina tênue por trás da qual o amarelo se recompõe. O vento administra as mutações. Onde é a montanha faça-se o lago; venha um vagalhão poderoso para cobrir a floresta; da manopla que avança surja um cogumelo; asqueroso jacaré, tens dez segundos para desapareceres da minha vista; senhoras e senhores, este quebra-nozes não quebrará aquela noz – ficai atentos e vereis que aqui não haverá violência alguma; agora, porém, perdoai-me: tenho que decapitar esta dama enquanto ela dorme. Com efeito, a montanha faz-se lago; a floresta submerge sob o vagalhão; o cogumelo nasce da manopla; o jacaré esfuma-se; o quebra-nozes envolve suavemente a noz; e, pesa-me dizê-lo, a ilustre dama é inapelavelmene decapitada. Então tudo se concentra numa coisa única e insensata, cuja massa, enorme, atrai fiapos de outras menores, esparsas, volantes, que passam desprevenidas mas curiosas e se deixam armadilhar sem remissão. Mas num átimo toda a massa se esparrama, se decompõe, máquina de contínuas integrações e contínuos dilaceramentos. Súbito, forma-se uma pirâmide escarlate: ao norte o agudo vértice, nítido. Sobre ela tombam pesados e sombrios vagalhões, comprimindo-a; mas ela resiste e se distende, mansa, tranqüila, fatal, até se transformar na cúpula mesma da cidade. O rodapé nevoento firma o horizonte, abarcando os morros e a superfície do mar. A noite aproxima-se e metodicamente deposita suas sementes nos escaninhos em branco. No alto, onde fora o ápice da pirâmide, a máquina passa a trabalhar mais depressa, numa tentativa insolente de resistir à treva, e opõe um vermelho possante de contornos alaranjados. Há uma trégua inesperada e por um instante a imobilidade é total. Mas as sementes se multiplicam, e a noite, insidiosa, sorrateira, irresistível, desmonta a máquina crepuscular. O Recife entra numa caixa de sombras.

(1962)

TRANSCRIÇÃO
(DE UMA PUÍDA CÉDULA DE CEM)

podre
é podre o ar
podre a água
podre o sono
podre o sonho
podre a sulfa
  o galeto
  o feijão

acordar podre
deitar podre
caber aqui neste momento é podre
vazar dele
seccioná-lo
excisão no campo gravitacional do podre
  fazê-la
  tomá-lo nas mãos
    cortá-lo

sabê-lo podre
nomeá-lo podre
dizê-lo podre
pintá-lo sempre podre
descrevê-lo enquanto podre

(1973)

A FALA DO RECIFE

A Gastão de Holanda

O Capibaribe
quando enche
   me enche
     de lama
     de lodo
     de detritos
     de dejetos
     de engulhos &
       entulhos
       patriarcais

     de gogo
     de gosma
     de cacos
     de cancros
     de miçangas &
       micoses
       fluviofecais

de chagas
de pragas
de amebas
de perebas
de gafeiras &
   frieiras
   sociologais

de febres
de fezes
de trastes
de tripas
de trapos &
   tropos
   lusotropicais

(1977)

A ONE-MAN SHOW AND ITS ONE-MAN AUDIENCE

Mr. Eliot is playing the piano.
Mr. Pound is sleeping.
Mr. Eliot's umbrellas are hanging
  each on its peg.

Mr. Eliot is a fine player.
Mr. Pound is a heavy sleeper.
Mr. Eliot's umbrellas are hanging
  as black as ever.

Mr. Eliot is clever at the keyboard.
Mr. Pound is a music lover.
Mr. Eliot's umbrellas are hanging
  as thin as ever.

Mr. Eliot knows the value of each note
Mr. Pound carves a meaning of its sound.
Mr. Eliot's umbrellas are hanging
  as still as ever.

Mr. Eliot has a swing of his own.
Mr. Pond has a snoring sense of rhythm.
Mr. Eliot's umbrellas are hanging
    as cool as ever.

(1978)

TELA

1

Você me fala.
No raso desta superfície
você me fala.
No meio destes cílios,
destas vírgulas,
destes alvéolos,
destes cogumelos,
você, solta
no ar ou parada
em curva de nível,
metamórfica.

2

Iiá – a letra
(incisa?)
buraco de fechadura
para a chave mestra
que abre a porta do retângulo
para o outro lado do papel
onde caminha a mulher
a passo firme
echarpe eletrizada
em vôo no tempo

(26.9.1991)

Título	As Conversações Noturnas & Outros Poemas
Autor	José Laurenio de Melo
Organizador	João Alexandre Barbosa
Produção Editorial	Aline Sato
Capa	Tomás Martins
Editoração Eletrônica	Amanda E. de Almeida
Revisão	Aristóteles Angheben Predebon
Formato	14 x 21 cm
Tipologia	Minion
Papel	Pólen Soft 80 g/m² (miolo)
Número de Páginas	112
Fotolito	Liner
Impressão	Gráfica Vida e Consciência
Acabamento	Idealgraf Acabamentos Gráficos